NOTICE HISTORIQUE

SUR LES

BIBLIOTHÈQUES

DES HÉBREUX;

PAR J.-G.-H. GREPPO,

VICAIRE GÉNÉRAL DE BELLEY, DE L'ACADÉMIE DE LYON, ETC.

BELLEY.

IMPRIMERIE DE J.-B. VERPILLON.

1835.

NOTICE HISTORIQUE

SUR LES

BIBLIOTHÈQUES

DES HÉBREUX;

PAR J.-G.-H. GREPPO,

VICAIRE GÉNÉRAL DE BELLEY, DE L'ACADÉMIE DE LYON, ETC.

BELLEY.

IMPRIMERIE DE J.-B. VERPILLON.

1835.

Tiré à **125** exemplaires.

NOTICE HISTORIQUE

SUR LES

BIBLIOTHÈQUES

DES HÉBREUX.

———

Les Bibliothèques remontent bien certainement à la plus haute antiquité : on peut les regarder comme contemporaines, à peu près, de l'art d'écrire. Elles ne furent d'abord que des archives, placées, pour l'ordinaire, dans les temples, et on y conservait à l'abri de toute altération, sous la garde de la Divinité, les lois religieuses et civiles, les premières annales, les généalogies des peuples et des rois, les traités, les alliances et les titres des propriétés publiques. Ces monumens, à défaut des autres matières propres à recevoir l'écriture, qui ne furent pas connues dans le principe, étaient gravés sur la pierre et sur les métaux; et souvent encore, à des époques plus récentes, on exécuta également sur des matières dures ceux auxquels on tenait davantage à garantir une longue durée. On conçoit que ces premières bibliothèques furent assez rares, et qu'elles n'étaient composées que d'un bien petit nombre d'écrits; elles s'étendirent, et se multiplièrent peu à peu, à mesure qu'on vit se multiplier aussi, et se répandre davantage les chroniques, les actes législatifs, les contrats publics , les chants religieux , ou nationaux , ainsi que les productions écrites des sciences usuelles , ou les inspirations d'une littérature plus perfectionnée. L'histoire nous montre ces collections , archives, ou bibliothèques , chez tous les peuples anciens qui étaient arrivés à un certain degré de civilisation, et même chez plusieurs de ceux qu'on appelait barbares. Ainsi, bien avant la formation des bibliothèques, devenues si célèbres, de Pisistrate , à Athènes ; des Ptolémées , à Alexandrie ; des rois Eumène et Attale , à Pergame ; de Paul-Emile , d'Asinius Pollion, de Lucullus , de Varron , de César , d'Auguste, et de Trajan, à Rome, il existait déjà de semblables institutions, chez les Egyptiens des Pharaons; chez les Phéniciens, les Perses , les Arméniens , les Etrusques , etc. Mais les Juifs, possesseurs du plus ancien livre connu , d'un livre qui embrasse, dans son vaste plan , les plus exactes comme les plus respectables données sur l'histoire primitive du monde physique et moral, les Juifs, dis-je , tiennent, sans aucun doute , le premier rang parmi les peuples de l'antiquité qui formèrent des bibliothèques (1).

(1) Les Egyptiens pourraient seuls disputer aux Juifs la priorité dans la formation des bibliothèques. Le plus ancien papyrus que l'on connaisse est un acte de la cinquième année de Thouthmosis III, cinquième roi de leur XVIII.me dynastie, bien antérieur, par conséquent, à l'époque de Moyse. Mais ce n'est pas proprement un livre : le plus ancien écrit égyptien auquel cette dénomination convienne serait certainement le papyrus de M. Sallier, dans lequel Champollion le jeune avait reconnu une histoire de Sésostris, s'il était certain que son auteur fut contemporain du grand roi ; et dans cette supposition encore , il serait postérieur de quelques années à l'époque où furent écrits les premiers livres du Pentateuque. On peut voir au sujet de ces deux papyrus, observés par le savant Champollion, mon *Essaï sur le Système hiéroglyphique* etc., II. part. , chap. IX, pp. 238 et 251.

Les leurs, cependant, sont peut-être celles dont
on s'est le moins occupé, et quelques personnes
n'entendront pas parler sans étonnement d'établissemens de ce genre chez ces Hébreux si
long-temps dédaignés, qu'on s'était trop habitué
à ne considérer, sur la foi du philosophe de
Ferney, que comme une peuplade misérable,
abjecte, et surtout fort ignorante. On juge aujourd'hui sans partialité la probité historique
de Voltaire ; on sait aussi ce que vaut la prétendue érudition dont il aimait à faire étalage :
ce qui va suivre contribuera encore à venger
le peuple de Dieu, si souvent calomnié par l'en-
nemi de Dieu lui-même.

I. J'ai rappelé déjà que, par un usage éminemment religieux, les premières bibliothèques, ou
archives, des peuples anciens étaient établies ordinairement dans les temples. Il en fut de même
chez les Hébreux : l'arche de l'alliance, le tabernacle du Seigneur, et plus tard, le temple auguste qu'éleva Salomon furent le dépôt sacré
où se conservaient d'abord leurs collections en
ce genre. Ainsi le plus ancien de leurs monumens écrits, cette double table de pierre, où
Dieu lui-même avait tracé de sa main la loi
promulguée à son peuple, avec tant de solennité,
sur le Sinaï, fut placée par Moyse, conformément à ses ordres, dans l'arche de son alliance.
Ce fait important ici n'est que bien faiblement
indiqué dans l'Exode (1) ; mais dans le dernier
de ses livres, Moyse le rappelle d'une manière
plus expresse aux enfans d'Israël : *Reversusque
de monte, descendi, et posui tabulas in arcam
quam feceram, quæ hucusque ibi sunt, sicut*

(1) *Posuit et testimonium in arca.* (XL, 18.)

mihi præcepit Dominus (1). Probablement, ces tables précieuses partagèrent constamment le sort de l'arche qui les renfermait, et disparurent avec elle (2).

Le Pentateuque, que les Juifs appellent LA LOI, fut aussi déposé, non dans l'arche même, mais auprès d'elle dans le sanctuaire, avec le vase d'or contenant la manne, qui avait nourri les Hébreux au désert (3), et la verge d'Aaron, qu'on avait vu fleurir miraculeusement, pour faire reconnaître son sacerdoce (4). Moyse, lui-même, avait prescrit cette disposition aux Lévites qui portaient l'arche, avant d'entonner ce sublime chant d'adieu et de mort: *Audite, cœli, quæ loquor*, qui nous a été conservé dans le Deutéronome : *Postquam ergo scripsit Moyses verba legis hujus in volumine, atque complevit, præcepit Levitis qui portabant arcam fœderis Domini, dicens : Tollite librum istum, et*

(1) *Deut.* X. 5.

(2) Le sort de l'arche est resté, pour nous, couvert d'obscurité. Il paraît certain qu'elle ne fut point portée dans la pompe triomphale de Titus, après la guerre de Judée : et on ne la voit point figurer, avec les autres dépouilles du temple de Jérusalem, dans les bas-reliefs qui décorent son arc de triomphe. Nous savons aussi, par le second livre des Maccabées, que le prophète Jérémie, peu avant la captivité de Babylone, l'avait cachée dans une caverne, ainsi que d'autres objets consacrés au culte du Seigneur. On croit généralement qu'elle ne reparut point depuis cette époque, et que le second temple fut ainsi privé de ce qui faisait la gloire du premier. Les versets qui suivent, dans ce chapitre des Maccabées, pourraient seuls répandre quelque lumière sur tout cela. Les bornes d'une note ne me permettent pas de prolonger ces observations. Dans un opuscule spécial, je me livrerai sur ce sujet à de plus amples recherches.

(3) *Exod.* XVI. 32 — 34.

(4) *Num.* XVII. 1 — 10.

ponite eum in latere arcæ fœderis Domini Dei vestri, etc. (1). Il paraît certain que c'était l'exemplaire autographe du législateur (2) ; et , préservé dans le lieu saint de toute interpolation , il dut servir , dans la suite des temps, à rectifier les copies qu'une transcription successive aurait pu rendre inexactes : on peut même entrevoir cette intention de Moyse dans les versets qui suivent ceux que je viens de citer. C'est ce livre de la loi que le pontife Helcias retrouva fortuitement dans le temple , sous le règne de Josias, roi de Juda ; évènement qui produisit une vive sensation, comme il est rapporté au quatrième livre des Rois, et au second des Paralipomènes (3). Les expressions par lesquelles cet exemplaire est désigné ne permettent guère de douter qu'il ne fût, en effet, le véritable autographe de Moyse : *Reperit Helcias sacerdos librum legis Domini per manum Moysi* (4). C'est apparemment sous le règne de Manassès que ce livre précieux s'était égaré , ou bien avait été caché , dans la vue de le soustraire aux profanations : l'impiété de ce malheureux prince fait de cette conjecture l'explication la plus plausible des faits.

(1) *Deut.* XXXI. 24 — 26.

(2) Outre cet exemplaire , digne d'une profonde vénération , les Rabbins racontent que Moyse, près de mourir, fit faire encore treize copies de la loi , pour les Lévites , et chacune des douze tribus, et qu'en les remettant entre leurs mains , il leur dit : « Recevez ce » livre de la loi , qui nous a été donné par le Seigneur ». Cette tradition paraît extrêmement probable ; et ces copies , faites sous les yeux du législateur lui-même, durent conserver une grande autorité, et servir d'original dans chaque tribu, pour les copies qui seraient répandues parmi les enfans d'Israël.

(3) IV. *Reg.* XXII, *et* XXIII ; II. *Par.* XXXIV.

(4) II. *Par.* XXXIV , 14.

Il y a lieu de croire que les manuscrits originaux des autres écrivains sacrés furent réunis
à ceux de Moyse, dans le sanctuaire, et auprès
de l'arche. Nous le savons, du moins, du livre
de Josué, dans lequel nous lisons que l'illustre
guerrier, successeur de Moyse, l'écrivit dans
le volume de la loi du Seigneur, apparemment
l'exemplaire autographe confié aux enfans de
Lévi, comme on l'a vu plus haut. *Scripsit
quoque omnia verba hæc in volumine legis
Domini* (1). Je pense, avec plusieurs savans,
que l'exemple de Josué dut être imité par ceux
qui écrivirent après lui, bien que je n'aie rien
su trouver dans l'Ecriture qui l'indique un peu
positivement ; et on peut conjecturer que le lieu
saint, enrichi successivement de pareils dépôts,
renferma par la suite la bibliothèque complète
des Hagiographes, des Prophètes, en un mot
de tous les livres inspirés de Dieu qui étaient
compris dans le Canon, ou catalogue des Ecritures, adopté alors chez le peuple de Dieu.

A l'établissement des synagogues, dont l'ori-
gine n'est pas connue d'une manière précise (2),
chacun de ces lieux d'assemblée eut aussi sa
bibliothèque sacrée, pour faciliter la lecture de
la parole de Dieu, et surtout de la Loi, à ceux
qui les fréquentaient, auxquels elle était expli-

______

(1) *Josue.* XXXIV, 26.

(2) Des savans les ont jugées d'institution assez récente, et tout
au plus contemporaines du retour de la captivité. Cette opinion
paraît peu conforme aux témoignages des livres saints. Pour ne rien
dire de plusieurs endroits de l'Ancien-Testament, qui semblent
nous montrer quelque chose de semblable à des époques plus recu-
lées, les expressions de Saint Jacques, dans le passage des Actes ;
qu'on va lire, ne peuvent guère laisser de doute sur leur haute
antiquité.

quée le jour du sabbat. Saint Jacques en fait l'observation , et signale cette coutume comme fort ancienne , dans son discours au Concile apostolique de Jérusalem. *Moyses enim a temporibus antiquis habet in singulis civitatibus qui eum prædicent in synagogis , ubi per omne sabbatum legitur* (1). Notre Seigneur les honora souvent de sa présence, et fit usage des livres saints que l'on y conservait. Saint Luc rapporte que, Jésus étant venu à Nazareth, la ville de son enfance, il entra dans la synagogue, ainsi qu'il avait coutume de le faire, prit un livre pour le lire, et que , l'ayant déroulé, il tomba sur un endroit qui lui était relatif. Je cite le passage dans son entier, parce qu'il entre dans des détails qui se rattachent à mon sujet, sur lesquels j'aurai lieu de revenir. *Et venit Nazareth, ubi erat nutritus, et intravit secundum consuetudinem suam , die sabbati , in synagogam, et surrexit legere. Et traditus est illi liber Isaiæ prophetæ. Et, ut revolvit librum, invenit locum ubi scriptum erat: spiritus Domini super me; propter quod unxit me, evangelizare pauperibus misit me, sanare contritos corde : prædicare captivis remissionem, et cæcis visum, dimittere confractos in remissionem, prædicare annum Domini acceptum, et diem retributionis. Et cum plicuisset librum, reddidit ministro, et sedit,* etc. (2).

Ces bibliothèques sacrées devaient être nombreuses, car les synagogues étaient elles-mêmes fort multipliées. Le passage des Actes rapporté plus haut suppose qu'il y en avait dans toutes

(1) *Act.* XV, 21.
(2) *Luc.* IV, 16 — 20.

les villes ; et la Judée comptait beaucoup de villes. On peut même donner à cette expression un sens plus étendu ; et il y a lieu de présumer que chaque endroit d'une population un peu considérable en possédait une, ou même plusieurs. Nous savons que chaque secte avait la sienne, et on les trouve quelquefois désignées par leurs noms dans les livres saints. Des traditions placent quatre cents synagogues, environ, dans la seule ville de Jérusalem.

Beaucoup de simples particuliers purent avoir aussi des bibliothèques sacrées, semblables à ces bibliothèques publiques. Le respect profond, quelquefois même superstitieux, que les Juifs professaient pour les divines écritures, autoriserait assez cette supposition. Nous voyons combien ils tenaient à leurs phylactères, dont notre Seigneur reproche aux Pharisiens l'orgueilleuse ostentation (1), et sur lesquels étaient inscrites des sentences de la loi. S'ils croyaient voir dans cette coutume l'accomplissement de la recommandation de Moyse, répétée plusieurs fois, en termes équivalens, dans le Pentateuque, et qu'ils prenaient au pied de la lettre, de même que beaucoup d'autres : *Et ligabis ea quasi signum in manu tua, eruntque et movebuntur inter oculos tuos* (2) ; bien plus encore devaient-ils attacher un grand prix à conserver dans leur maison, à tenir tous les jours entre leurs mains ces livres sacrés, cette loi du Seigneur, qui formait la règle de leur vie, et qu'il leur était si fort recommandé de méditer sans

(1) *Matth.* xxiii, 5.
(2) *Deut.* vi, 8.

cesse (1). Les rois devaient la lire souvent ; il leur était enjoint, à leur avènement au trône, de la transcrire eux-mêmes, au moins en partie, sur l'exemplaire de la tribu de Lévi : *Postquam autem sederit in solio regni sui, describet sibi Deuteronomium legis hujus in volumine, accipiens exemplar a sacerdotibus Leviticæ tribus, et habebit secum, legetque illud omnibus diebus vitæ suæ* etc. (2). Ne peut-on pas supposer, conformément à l'esprit de la religion mosaïque, qu'une telle obligation, si précise quant au monarque, s'étendait aussi aux diverses classes de la nation, quoique d'une manière moins rigoureuse. Il est bien certain que les prosélytes lisaient les livres de l'Ecriture, comme nous le voyons de cet eunuque d'une reine d'Ethiopie, qui fut rencontré par le diacre Philippe, lisant dans son char la prophétie d'Isaïe, qu'il s'efforçait de comprendre, et qui, éclairé bientôt par l'homme de Dieu, crut en Jésus-Christ, et reçut le baptême (3). Or si les étrangers avaient reçu des Juifs la communication des saintes lettres, ils devaient tenir d'eux également la pieuse coutume de les lire et de les étudier.

Je dois observer à cette occasion que, selon toute apparence, il y eut chez les Juifs un grand nombre de personnes qui savaient lire et même écrire. De savans critiques ont apporté en preuve un endroit du livre des Juges, où il est dit de Gédéon : *Apprehendit puerum de viris Soccoth; interrogavitque eum nomina*

(1) *Deut.* vi, 6, 7.
(2) *Ibid.* xvii, 18, 19.
(3) *Act.* viii, 26 — 38.

principum et seniorum Soccoth, et descripsit septuaginta septem viros (1). Le texte n'est pas assez clair pour qu'on puisse y voir, avec certitude, que ce fut ce serviteur, et non Gédéon, qui écrivit les noms des principaux de cette ville. Mais des comparaisons prises par les prophètes de l'art d'écrire font assez voir que ces connaissances étaient communes alors (2). Notre Seigneur et ses apôtres le supposent aussi en maint endroit du Nouveau-Testament, ne fut-ce que par cette interrogation souvent reproduite : *Numquam legistis in scripturis*, etc. (3)? Nous voyons quelquefois aussi dans l'histoire sainte des lecteurs, et des secrétaires, employés par les rois, ou par les personnes riches (4); enfin on y trouve l'indication d'écoles, ou les lettres paraissent avoir été enseignées, avec la poésie et le chant : ce sont, au jugement des plus sages interprètes, ces *cunei prophetarum*, ces *filii prophetarum*, dont il est parlé plusieurs fois dans les livres des Rois (5). On croit que ces écoles furent par la suite réunies aux synagogues.

C'est ici le lieu de rappeler encore une ville de la tribu de Juda, que Caleb donna, avec sa fille Axa, au vaillant Othoniel, qui s'en était emparé, ville dont le nom semble indiquer quelque rapport avec l'objet de ces recherches. Elle est appelée

(1) *Judic.* VIII, 14.

(2) *Psal.* XLIV, 2; IV. *Reg.* XXI, 13; *et alibi.*

(3) *Matth.* XXI, 42; *et alibi.*

(4) III. *Reg.* IV, 3; *Isai.* XXIX, 18; *et alibi.*

(5) I. *Reg* X, 5, 10, 11, XIX, 20. IV; *Reg.* II, 3, 5, IV, 38; *et alibi.*

Debir, et *Cariath-Sepher* (1), ce qui est expliqué par *Civitas litterarum*, dans la version vulgate de Josué (2). C'est bien certainement le sens du mot hébreu, et il faut nécessairement qu'il y ait eu dans cette ville, ou une école, ou une bibliothèque, ou des ateliers de copistes, qui tenaient lieu alors de nos imprimeries. Mais, si elle fut ainsi appelée, comme il paraîtrait, avant la conquête de la Terre sainte par Josué, on ne pourrait rien en conclure pour ce qui regarde les Hébreux : ce nom supposerait seulement un établissement littéraire quelconque chez les peuples qui habitèrent anciennement la Palestine. Les conjectures n'ont pas manqué à son sujet : on a raconté, entre autres choses sans fondement, que Melchisédech y avait établi des écoles. Au reste la civilisation paraît avoir été fort ancienne dans ces contrées, et bien des choses peuvent le faire penser : l'Ecriture, par un rapprochement curieux à observer, nous apprend que la ville d'*Hébron*, assez voisine de *Cariath-Sepher*, avait été bâtie sept ans avant celle de *Tanis*, qui fut la capitale des Pharaons au temps de Moyse, et le théâtre des prodiges que Dieu opéra en Egypte, pour la délivrance de son peuple (3).

Les bibliothèques, tant publiques que particulières, durent donc être assez communes parmi les enfans d'Israël. Je ne l'ai guère établi encore que par induction, d'après diverses données que nous a fourni leur histoire, et l'on n'a point vu

____

(1) *Josue.* XV, 15, 16; *Judic.* 1; 11, 12.

(2) On a observé aussi que le mot *debir* désigne un livre, dans la langue Persane.

(3) *Num.* XIII, 23.

jusqu'ici le terme propre, BIBLIOTHÈQUE, employé pour désigner ce genre de collections. Nous allons le trouver enfin dans un passage plus formel qu'aucun de ceux que j'ai rapportés. Ce passage, il est vrai, appartient à une époque relativement assez récente, celle où commencent à paraître les princes Hasmonéens ; mais il rappelle aussi une autre époque plus ancienne, et suppose sous cette date, comme on va le voir des établissemens de même nature.

On lit au commencement du second livre des Maccabées deux lettres des Juifs de Jérusalem à ceux de leurs frères qui habitaient l'Egypte, écrites après la purification du temple, qui venait d'être faite par Judas victorieux. La seconde de ces lettres renferme des détails fort intéressans sur plusieurs faits antérieurs, qu'on chercherait vainement dans les autres écrivains sacrés que nous possédons. Tel est, en particulier, ce qu'elle nous apprend d'une bibliothèque formée par Néhémie, au retour de la captivité. *Inferebantur autem in descriptionibus, et commentariis Nehemiæ hæc eadèm, et ut construens bibliothecam, congregavit de regionibus libros, et prophetarum, et David, et epistolas regum, et de donariis* (1). Ces mémoires, ou commentaires, composés par Néhémie, ou relatifs à son histoire, sont un livre perdu aujourd'hui pour nous : on ne saurait le confondre avec celui que nous avons sous son nom, et qui forme le second d'Esdras, celui-ci ne contenant rien qui ressemble à ce qu'on vient de voir. Les Juifs de Judée annoncent encore à leurs frères que Judas Maccabée, imitateur de Néhémie, venait aussi de rassembler

____

(1) II. *Macc.* II. 13.

les livres dispersés durant la guerre, pour en former une nouvelle bibliothèque ; et ils leur proposent de leur envoyer des copies de ces livres, s'ils leur en expriment le désir : *Similiter autem et Judas ea quæ deciderant per bellum quod nobis acciderat, congregavit omnia, et sunt apud nos. Si ergo desideratis hæc, mittite qui perferant vobis* (1).

Voici donc deux bibliothèques expressément indiquées, dans ce passage de trois versets. Si l'histoire des Hébreux a gardé le silence sur tant d'autres collections du même genre, il semble qu'elle devait, en effet, nous faire connaître celles-ci, à raison des circonstances extraordinaires qui donnèrent lieu à leur formation, et qui sont du nombre de celles que les historiens signalent à la postérité, bien plus que les institutions lentes et progressives. La prise de Jérusalem par Nabuchodonosor, et la captivité des Juifs, qui la suivit, avaient dû causer la perte de bien des livres, et la dispersion d'un plus grand nombre, peut-être. Les pieux Israélites qui revinrent de la terre étrangère, pour relever la ville de Juda et son temple, devaient donc aussi donner leurs soins à réunir de nouveau ces précieux monumens de la religion, de l'histoire et de la littérature, en rétablissant les bibliothèques dilapidées. C'est ce que firent alors Esdras et Néhémie, et on leur attribue le canon des livres saints, tel que les Juifs l'adoptèrent, et qu'ils le conservent encore de nos jours.

Quant à la nouvelle bibliothèque que forma plus tard Judas Maccabée, l'histoire, plus circonstanciée, de son époque en fait comprendre

(1) *Ibid. ibid.* 14. 15.

encore mieux la nécessité. Ce fut une terrible épreuve pour la Judée que son passage sous la domination d'Antiochus iv, roi de Syrie, surnommé Epiphane, et qui s'arrogea aussi le titre de Dieu. On sait avec quelle cruauté il traita ses habitans, et de quelles profanations il souilla la cité sainte et le sanctuaire du Seigneur (1). Les livres saints n'échappèrent pas à sa rage impie, dans le dessein qu'il avait conçu d'anéantir le culte du vrai Dieu : il les faisait lacérer, et livrer aux flammes : les conserver en sa possession était se dévouer aux tortures, et à la mort : *Et libros legis Dei combusserunt igni, scindentes eos. Et apud quemcumque inveniebantur libri testamenti Domini, et quicumque observabat legem Domini, secundum edictum regis trucidabant eum* (2). Il paraît même que, par un sacrilège plus horrible encore, des exemplaires des livres saints furent réservés quelquefois par les païens, pour être employés à des pratiques superstitieuses (3). La violence, la crainte, et

(1) Il entra en Judée, et prit Jérusalem que l'intrus Jason avait fait soulever, au bruit de sa mort, pendant qu'il faisait la guerre, en Egypte, au roi Ptolémée Philométor. Ce fut à l'occasion de cette guerre que Popilius Lénas, député de Rome auprès de lui, se rendit célèbre par un trait que tous les historiens ont rapporté, quand, pour mettre fin aux tergiversations de ce prince artificieux, et l'obliger à suspendre ses hostilités contre un autre allié du peuple romain, il l'enferma dans un cercle tracé sur le sable avec une baguette.

(2) I. *Macc.* I. 59. 60.

(3) On lit dans le premier livre des Maccabées (III, 48,) : *Et expanderunt libros legis, de quibus scrutabantur gentes similitudinem simulachrorum suorum.* Ce passage dont l'intelligence a si fort embarassé les critiques, a bien certainement, au moins, le sens général que je lui donne ici.

la lâche apostasie de quelques Juifs infidèles, causèrent ainsi la destruction d'un fort grand nombre d'exemplaires des livres saints. Il est probable même que les agens subalternes, dans leur zèle fanatique, dépassèrent la teneur du décret, ainsi qu'il arrive toujours lorsqu'il s'agit de mesures arbitraires et odieuses ; et que les ouvrages d'une autre nature, qui pouvaient exister chez les Juifs, furent souvent compris aussi dans cette proscription. Quand le peuple de Dieu respira ensuite quelques instans, après la guerre et la persécution, Judas eut bien à faire pour réparer des profanations et des ravages dont les traces étaient si profondes ; et il regarda la restauration des bibliothèques comme une partie importante de la tâche pieuse qui lui était imposée. Il semble que nous pouvons juger du succès qui couronna ses soins, et de l'effet de cette renaissance religieuse et littéraire, par ce qui est dit ailleurs, toujours dans l'histoire des Maccabées, de la multitude des livres à cette époque : *Considerantes enim multitudinem librorum, et difficultatem volentibus aggredi narrationes historiarum, propter multitudinem rerum*, etc. (1).

Il exista chez les Juifs une collection d'un autre genre, qui a trop d'affinité avec les bibliothèques pour que je puisse me dispenser d'en parler ici. C'étaient des archives générales, dans lesquelles on conservait les généalogies des familles israélites, et même celles des prosélytes, comme de l'Ammonite Achior, de Ruth la Moabite, et des Egyptiens qui s'étaient alliés au peuple de Dieu. Une lettre d'Africain, conservée par

____

(1) II. *Macc.* II. 25.

Eusèbe de Césarée (1), nous fait connaître l'existence de ce dépôt, et les détails que je viens de donner. Elle nous apprend encore que l'usurpateur Hérode, qu'on a surnommé le Grand, étant monté sur le trône de Judée, par la faveur des Romains, il fit incendier ces monumens respectables, mû par l'espérance de pouvoir annoblir son extraction, lorsqu'on n'aurait plus de preuve contre lui dans des titres qui permettait à chaque Juif de justifier sa descendance des patriarches de sa nation, ou des prosélytes qu'elle avait adoptés. Ces prétentions d'Hérode à illustrer sa race s'accordent assez avec ce que nous apprend l'historien Josephe, que Nicolas de Damas, qui se montrait en tout le flatteur de ce prince, le faisait descendre d'une des familles les plus illustres parmi les Hébreux revenus de Babylone (2). Pour ce qui est de ces archives que l'usurpateur fit brûler, un tel établissement paraît aussi tout-à-fait conforme à ce que nous connaissons d'ailleurs de l'esprit du peuple de Dieu. On doit se rappeler combien chacun de ses membres attachait de prix à conserver sa généalogie, ainsi qu'il est prouvé par un grand nombre de faits, et notamment par ce que rapporte Esdras de certains prêtres, exclus du sacerdoce faute d'avoir pu produire leurs titres de famille : *Hi quæsierunt scripturam genealogiæ suæ, et non invenerunt, et ejecti sunt de sacerdotio* (3).

Voilà bien, si je ne me trompe, tous les renseignemens que l'histoire des Hébreux peut nous

(1) *Hist. eccl.* I. 7.

(2) XIV. *Antiq.* II. 2.

(3) I. *Esdr.* II. 62.

fournir pour constater l'existence de leur bibliothèques, si l'on entend par ce mot les dépôts
destinés à conserver les livres (1). Mais il s'ap-
plique aussi aux livres eux-mêmes; et ce que
j'ai à dire maintenant de ceux qui pouvaient
figurer dans les collections que possédaient les
Juifs ajoutera de nouveaux détails aux données
générales que l'on vient d'observer.

II. Il résulte de tout ce qui précède, que la partie essentielle des bibliothèques juives consistait
dans cette précieuse suite des écrivains sacrés,
à laquelle, comme au livre par excellence, nous
donnons aujourd'hui la dénomination grecque,
de BIBLE (2). C'était bien une telle réunion qui
eût mérité d'être appelée REMÈDES DES MAUX DE
L'AME; et c'était d'elle aussi que les Juifs écrivaient aux Spartiates : *Nos, cum nullo horum
indigeremus, habentes solatio sanctos libros
qui sunt in manibus nostris*, etc. (3). Quoique
le canon des saintes écritures reconnues comme

(1) Je n'ai point mentionné une prétendue bibliothèque du second
temple, conservée, a-t-on dit, presque jusqu'à nos jours, auprès du
tombeau du prophète Ezéchiel, dans je ne sais quel lieu de l'ancienne Mésopotamie. Cette histoire ridicule n'a de garantie que dans
l'autorité de Benjamin de Tudèle; et le rabbin voyageur, s'il ne l'a
pas inventée, l'a du moins accueillie avec une bien grande légèreté.

(2) J'ai cherché vainement à reconnaître l'époque où le nom de
Biblia fut employé pour la première fois dans l'Église latine. Il ne
paraît pas remonter aux premiers siècles : la collection des livres
saints des deux Testamens était alors appelée *Bibliotheca divina*,
et l'on trouve cette expression dans Saint Jérôme. A cette observation, j'en ajoute une autre purement grammaticale : c'est que le mot
Biblia fut primitivement, en latin comme en grec, un pluriel neu-
tre, et qu'on en fait mal à propos un singulier féminin, comme
l'auteur de l'Imitation, qui dit, dans son premier chapitre : *Si scires
totam Bibliam exterius*, etc.

(3) I. *Macc.* XII. 9.

authentiques chez les Juifs comprît quelques livres de moins que celui du Concile de Trente; cette collection ne laissait pas d'être encore assez volumineuse, si l'on prend ce mot dans son acception primitive, car les volumes des anciens étaient bien moins étendus que les ouvrages, ou parties d'ouvrages que nous appelons ainsi, assez improprement; et il fallait, par conséquent, les multiplier davantage : ce que je dirai ailleurs, du matériel des livres, donnera la raison de cette différence; et mes lecteurs instruits l'ont déjà pressentie. Mais cette auguste collection des livres sacrés, sur laquelle je ne dois pas m'étendre ici, parce qu'elle est la partie la mieux connue des bibliothèques hébraïques, n'était pas, à beaucoup près, la plus considérable par le nombre des volumes. Bien plus lettré qu'on ne le suppose communément, nous allons voir que le peuple de Dieu posséda encore beaucoup d'autres ouvrages religieux, ou profanes. L'écrivain Juif qui traduisit en grec l'Ecclésiastique, et qui était le descendant et l'homonyme de son auteur Jésus, fils de Sirach, paraîtrait attester ce fait, lorsqu'il dit, dans une préface que nos bibles latines ont conservée : *Avus meus Jesus, postquam se amplius dedit ad diligentiam lectionis legis, et prophetarum, et aliorum librorum, qui nobis a parentibus nostris traditi sunt*, etc. (1). Nous avons vu plus haut, dans

______

(1) *Eccli. prol.* On pourrait regarder ces livres, que les Juifs tenaient de leurs pères comme étant ceux des écrivains sacrés qu'on a appelés HAGIOGRAPHES. Mais de savans critiques, rejetant cette interprétation, ont prétendu que cette classification des livres saints était d'une date plus récente; et ils ne veulent voir dans ceux que mentionne le traducteur du fils de Sirach que de simples productions de l'intelligence humaine, quel que pût en être le sujet.

les Maccabées, une observation assez curieuse sur la multitude des livres qui existaient à cette époque, et qui rendaient plus difficile la tâche de l'historien : *Considerantes enim multitudi- nem librorum*, etc. (1). N'y aurait-il pas encore quelque chose de semblable dans cette réflexion du plus sage des rois, qui s'appliquerait si bien, avec d'autres plus sévères, à la littérature de nos jours? *Faciendi plures libros nullus est finis* (2). De ces livres, quelques-uns nous ont été conservés ; il en est un grand nombre dont l'Ecriture seule nous a révélé l'existence; d'au- tres nous sont connus par les témoignages de l'antiquité ecclésiastique; sur d'autres enfin, on peut, avec vraisemblance, hasarder quelques conjectures. Cherchons à nous faire une idée de ces nombreuses productions de la littérature hé- braïque : elles nous permettront de supposer chez le peuple de Dieu des bibliothèques plus riches que celles de bien des peuples anciens.

Parmi les livres des Hébreux, que nous appe- lons APOCRYPHES, et qui ne sont point placés dans le canon de l'Ancien-Testament, il en est quelques-uns qui ont paru mériter une considé- ration particulière, et qu'on trouve réunis ordi- nairement à la fin de nos bibles. Ceux-ci, en effet, s'ils n'ont pas l'autorité divine des livres reconnus pour inspirés, peuvent être utiles à consulter comme documens historiques, et édi- fier par leur morale pure; on les voit cités avec respect dans plusieurs ouvrages des saints Pères les plus savans, et quelques-uns ont été admis

(1) II. *Macc.* II. 25.

(2) *Eccles.* XII. 12.

anciennement au nombre des livres canoniques, par quelques églises chrétiennes. Ainsi , nous avons entre les mains : 1º la PRIÈRE DE MANASSÈS, dont il est fait mention dans les Paralipomènes (1) : cet écrit fort court se trouve dans nos bibles latines, mais on ne le connaît point en hébreu, ni même en grec ; 2º le troisième et le quatrième livres d'ESDRAS : celui-ci n'existe qu'en latin ; nous possédons encore de l'autre une version grecque, mais non le texte original ; 3º le troisième est le quatrième livres des MACCABÉES : celui-là fait aussi partie des éditions grecques ; il ne nous reste de celui-ci qu'une traduction latine. Les bibles grecques contiennent aussi , de plus que les latines , quelques écrits qui ne sont pas dans le texte hébreu ; ce sont : un PSAUME fait par David dans sa jeunesse, après sa victoire, et la mort de Goliath , et qui est en dehors du livre des Psaumes ; et deux additions au livre de Job , consistant dans un discours de sa femme , et dans la généalogie du saint patriarche. Quoique ces livres ne se trouvent pas dans le texte primitif, on ne peut douter qu'ils n'aient été connus des Juifs , comme les autres livres qui ne figurent point dans leur canon , et que l'Eglise catholique a admis dans le sien ; comme aussi d'autres parties de nos livres canoniques, qu'on ne trouve pas dans les originaux, telles que sont celles de Daniel, etc. Il faut remarquer que ces livres, ou ces portions de livres n'étant point regardées par les Hébreux comme canoniques, il est facile d'expliquer par là la perte de leur texte original , qui ne fut point,

______

(1) II. *Par.* XXXIII. 19.

à beaucoup près, l'objet des mêmes soins conservateurs, dont on entourait les livres inspirés.

Il est une autre classe de livres apocryphes, qui n'obtint jamais le même respect, quoique plusieurs aient été cités par des écrivains ecclésiastiques; mais dont la plupart, au contraire, passent avec raison pour avoir été supposés, soit par des Juifs de l'école grecque, dans des temps déjà anciens, soit par les Rabbins plus modernes, soit enfin, comme nous l'apprend en détail Saint Epiphane, par les hérétiques des premiers siècles de l'Eglise. Le nombre de ceux que nous possédons encore en entier, ou par fragmens, est immense : il suffirait, pour s'en convaincre, de jeter un coup-d'œil sur le recueil que nous en a donné Fabricius (1) ; celui des ouvrages du même genre, que nous ne connaissons que par les saints Pères, est aussi fort considérable. Quelque opinion que l'on se fasse sur cette classe d'écrits, il est au moins raisonnable de penser que quelques-uns peuvent remonter à l'époque où les Juifs, réunis dans le pays de leurs pères, étaient encore le peuple de Dieu ; que plusieurs de ceux qui nous sont parvenus, n'ont été forgés que d'après des indications authentiques, constatant l'ancienne existence d'ouvrages qui portaient les mêmes titres, car c'est ainsi, le plus souvent, qu'ont agit les faussaires ; et que, par conséquent, une partie de ces apocryphes put figurer dans les bibliothèques qui forment l'objet de mes recherches. Ces considérations sont pour moi un motif d'en parler ici ; et, sans me jeter dans des discussions qui, sur

______

(1) *Codex pseudepigraphus Veteris Testamenti*, etc. Hamburgi, 1722. — 1741. 2 vol. petit in-8°.

un pareil sujet, deviendraient un vrai dédale,
ni prétendre assigner à chacun le degré de con-
sidération qu'il peut mériter, je m'arrête pour
signaler quelques-uns des plus célèbres par les
citations qu'ils ont fournies.

Au premier rang, parmi ceux-ci, se présente
le LIVRE D'ÉNOCH, dont il est si souvent question
dans l'antiquité ecclésiastique. Saint Clément
d'Alexandrie l'a cité, ainsi que Tertullien, Athé-
nagore, Saint Irénée, Origène, Saint Jérôme, et
plusieurs autres Pères. Beaucoup d'interprètes
ont cru voir aussi une citation de ce livre dans
ces paroles de l'apôtre Saint Jude : *Prophetavit
autem et de his septimus ab Adam Enoch,
dicens : Ecce venit Dominus in sanctis milli-
bus suis, facere judicium contra omnes, et
arguere omnes impios de omnibus operibus
impietatis eorum, quibus impie egerunt, et de
omnibus duris, quæ locuti sunt contra Deum
peccatores impii* (1). Quelques Pères ont encore
cité l'ASCENSION, ou l'ASSOMPTION, DE MOYSE, où
St. Jude aurait également puisé, selon quelques-
uns, ce qu'il dit de l'Archange Saint Michel,
disputant à Satan le corps de ce prophète (2).
L'APOCALYPSE, OU RÉVÉLATION, D'ÉLIE, a été citée
par Origène et Saint Epiphane, comme ayant
fourni aussi à Saint Paul plusieurs de ces citations, entre autres, ces belles paroles si connues :

(1) *Jud.* 14. 15. Quoiqu'il ne soit pas certain que ces paroles soit
une citation du livre d'Enoch, il est facile, dans tous les cas, de
répondre par un seul mot, aux objections qu'on a prétendu en tirer,
contre l'Epître canonique de Saint Jude. Pourquoi n'aurait-il pas pu
citer ce livre ! Saint Paul n'a-t-il pas cité des auteurs profanes et
païens (*Act.* XVII. 28; *Tit.* I. 12) ?

(2) *Jud.* 9.

Oculus non vidit, nec auris audivit, nec in cor hominis ascendit quæ præparavit Deus iis qui diligunt illum (1). Le même Origène, parlant d'un autre livre, intitulé les APOCRYPHES, ou SECRETS, DE JÉRÉMIE, regarde comme probable qu'il est la source du passage que Saint Matthieu cite ainsi, sous le nom de ce prophète : *Et acceperunt triginta argenteos, pretium appretiati quem appretiaverunt a filiis Israël. Et dederunt eos in agrum figuli, sicut constituit mihi Dominus* (2). Je dois indiquer encore parmi les principaux apocryphes que les saints Pères ont cités : les TESTAMENS DES DOUZE PATRIARCHES, que nous avons en grec et en latin; divers écrits attribués, ou relatifs à JOSEPH; le livre de JANNÈS ET MAMBRÈS, magiciens d'un Pharaon, et adversaires de Moyse, dont les noms ne se trouvent pas dans l'Exode, mais nous ont été conservés par Saint Paul (3); la PROPHÉTIE D'ELDAD ET DE MÉDAD, Israélites, nommés dans les Nombres,

(1) I. *Cor.* II. 9. Ce passage se trouve en partie dans le prophète Isaïe (LXIV. 4.).

(2) *Matth.* XXVII. 9. 10. Il y a quelque chose de semblable dans Zacharie (XI. 12.); ce qui a fait penser à quelques critiques que le nom de Jérémie, dans le texte de Saint Matthieu, est une faute de copiste, et qu'il faut y lire celui de Zacharie.

(3) *Quemadmodum autem Jannes et Mambres restiterunt Moysi*, etc. (II *Tim.* III. 8.). Le second de ces noms est écrit *Jambres* dans les Talmuds, et dans un fragment de Numénius, écrivain perdu aujourd'hui, qui est cité par Eusèbe (*Præpar. Evang.* IX. 8.). Le nom de Jamnès se trouve aussi réuni à celui de Moyse, dans un passage curieux de Pline, qui fait de tous les deux des Juifs et des magiciens. *Est et alia magices factio*, dit-il, *a Mose, et Janne, et Jotape Judæis pendens*, etc. (XXX. 1.). Voilà une notion de l'histoire judaïque qui doit paraître fort remarquable ici, toute confuse qu'elle se montre, comme cela devait être, et défigurée par les préjugés religieux et nationaux de l'écrivain.

qui rapportent à leur sujet un trait bien honorable à Moyse (1) ; plusieurs autres prophéties attribuées à Daniel, à Habacac, etc., et différentes de celles qui font parties des livres saints. Je ne pousse pas plus loin cette nomenclature, pour laquelle je renvoie au savant ouvrage de Fabricius ; et je passe à d'autres écrits plus intéressans.

L'Ecriture elle-même nous a conservé les titres d'un assez grand nombre de livres, auxquels elle renvoie, ou qu'elle cite, ordinairement avec cette formule souvent reproduite : *Nonne scriptum est in libro*, etc.? Je vais réunir ici les titres de ces divers livres, tels que la Vulgate nous les donne : on verra qu'ils durent former une portion considérable des bibliothèques hébraïques.

1° Le plus ancien de tous est celui que l'Ecriture appelle *LIBER BELLORUM DOMINI* (2). Il est nommé et cité par Moyse, à l'occasion du campement des Israélites à Arnon, sur les confins des Amorrhéens et des enfans de Moab : *Unde dicitur in libro bellorum Domini : Sicut*

---

(1) *Remanserant autem in castris duo viri, quorum unus vocabatur Eldad, et alter Medad, super quos requievit Spiritus. Nam et ipsi descripti fuerant, et non exierant ad tabernaculum. Cumque prophetarent in castris, cucurrit puer, et nuntiavit Moysi, dicens : Eldad et Medad prophetant in castris. Statim Josue filius Nun, minister Moysi, et electus e pluribus, ait : Domine mi Moyses, prohibe eos. At ille : quid, inquit, æmularis pro me ! quis tribuat ut omnis populus prophetet, et det eis Dominus Spiritum suum (Num. XI. 26. — 29.)!*

(2) On trouve bien, auparavant, dans l'Exode (XXIV. 7.) un *volumen fœderis;* mais il n'est pas certain que ce soit un livre à part : il semblerait plutôt que ce fut la loi que Moyse venait de recevoir de Dieu.

fecit in mari rubro , sic faciet in torrentibus Arnon. Scopuli torrentium inclinati sunt, ut requiescerent in Ar, et recumberent in finibus Moabitarum (1). Il dut être écrit, vraisemblablement, ou par Moyse lui-même, ou par quelqu'un des Hébreux pendant le pélerinage du désert ; et s'il est permis de faire une conjecture, d'après un texte aussi court, il pouvait être, tout à la fois, historique et prophétique.

2° *LIBER JUSTORUM.* Nous le trouvons cité par Josué, ou par l'auteur du livre qui porte son nom, lorsqu'il raconte le prodige qui arrêta le soleil, pour donner au peuple de Dieu le temps de consommer sa victoire. Les limites de la citation ne paraissant pas marquées d'une manière bien précise, je rapporte ici tout le passage de l'historien sacré, empreint d'une teinte poétique admirable. *Tunc locutus est Josue Domino, in die qua tradidit Amorrhœum in conspectu filiorum Israel, dixitque coram eis : Sol contra Gabaon ne movearis, et luna contra vallem Ajalon. Steteruntque sol et luna , donec ulcisceretur se gens de inimicis suis. Nonne scriptum est hoc in libro Justorum? Stetit itaque sol in medio cœli, et non festinavit occumbere spatio unius diei. Non fuit antea nec postea tam longa dies , obediente Domino voci hominis, et pugnante pro Israel* (2). Ce même livre est encore mentionné dans les Rois, immédiatement avant le cantique funèbre entonné par David , après la mort de Saül et de Jonathas : *Et præcepit ut docerent filios Juda*

(1) *Num.* XXI. 14. 15.

(2) *Josue* X. 12. — 14.

arcum, sicut scriptum est in libro Justorum (1). La liaison de ce passage avec ce qui le suit ne paraissant pas fort claire, au premier abord, le père Houbigant, et d'autres critiques ont entendu par *arcum* un cantique dont le titre aurait été L'ARC, parce que dans celui de David, il est parlé de l'arc de Jonathas. Mais ne serait-il pas plus simple de supposer que l'intention du pieux prince est ici, par un mouvement bien naturel à sa douleur, d'exercer les Hébreux au maniement de leurs armes, pour les mettre à même de venger bientôt la mort de leur roi, et de son fils? La citation du livre des Justes serait ainsi expliquée; elle supposerait qu'il avait pour objet la tactique militaire, autant que l'histoire, puisque David ne faisait en cette occasion que renouveler une de ses ordonnances. Ce livre, dont j'ai parlé plus longuement que je ne le ferai des autres, dut être écrit, ou commencé du moins, dans le désert, ou peu après le passage du Jourdain.

3° On lit dans les Rois : *Locutus est autem Samuel ad populum* LEGEM REGNI, *et scripsit in* LIBRO *, et reposuit coram Domino*, etc. (2). Comme la dénomination de livre est assez vague dans l'Ecriture, et qu'elle y est donnée souvent à des actes, des titres, des lettres, etc., on peut douter s'il s'agit ici d'un Code, ou du contrat passé entre le roi et le peuple, la première interprétation me paraîtrait plus vraisemblable, et plus conforme à la teneur du texte (3).

(1) II. *Reg.* I. 18.

(2) I. *Reg.* X. 25.

(3) Le mot hébreu que la Vulgate rend par *legem* répond littéralement à *judicium*.

4° Les Rois nous font connaître encore, mais sans aucun détail, une histoire de Salomon qu'ils désignent par ce titre : *in LIBRO VERBORUM DIERUM SALOMONIS* (1). C'est le premier exemple de ces journaux ou mémoires, que nous retrouverons plus d'une fois (2).

5° Salomon, le plus sage des hommes, comme il est qualifié par l'Écriture, ce qui, dans son langage, veut souvent dire aussi le plus savant, avait composé un grand nombre d'ouvrages. Le troisième livre des Rois mentionne spécialement trois mille paraboles, dont celles que nous possédons durent faire partie (3), et mille et cinq poèmes, ou cantiques (4). *Locutus est quoque*

(1) III. *Reg.* XI. 4:.

(2) Il est probable que ces mémoires étaient rédigés jour par jour, comme les *Acta diurna* des Romains. On en voit, au reste, du même genre chez toutes les nations anciennes ; et ils y ont formé les premiers matériaux de l'histoire ; comme peuvent le faire aujourd'hui nos journaux officiels. L'Écriture elle-même nous les fait observer chez les rois de Perse ; car tels paraissent être les commentaires dont il est parlé au premier livre d'Esdras (IV. 15 ; VI. 2.) ; ainsi que ces annales où étaient consignés les événemens principaux du règne d'Assuérus, et qu'il se faisait lire durant ses insomnies (*Esther* VI. 1. 2 ; XII. 4.). J'ai dit un mot des secrétaires employés par les rois : ces officiers paraissent avoir eu pour charge essentielle la rédaction de ces mémoires journaliers ; et dans le texte sacré, ils sont ordinairement désignés par cette fonction spéciale, *a commentariis.*

(3) L'absence de suite dans notre livre des Proverbes, ou Paraboles de Salomon, à partir du chapitre X, la répétition du titre à la tête de ce chapitre, la différence marquée pour le style de cette partie, jusqu'au XXII°, avec le commencement et la fin, d'autres circonstances encore, qu'il serait trop long d'énumérer, semblent prouver jusqu'à l'évidence, que ce livre n'est qu'une partie du grand ouvrage de Salomon.

(4) Il existe parmi les livres apocryphes, un recueil de Psaumes qui portent le nom de Salomon. Mais il ne peut-être attribué à ce prince, et paraît l'ouvrage de quelque Juifs helléniste. *V.* Huet, *Demonstr. Evangel.* pag. 233.

Salomon tria millia parabolas, et fuerunt carmina ejus quinque et mille (1). Dans le même endroit, il est parlé en général de ses ouvrages sur les diverses branches de l'histoire naturelle : *Et disputavit super lignis, a cedro quæ est in Libano, usque ad hyssopum quæ egreditur de pariete : et disseruit de jumentis, et volucribus, et reptilibus, et piscibus* (2).

6° Un des livres les plus fréquemment mentionnés dans les saintes Ecritures, est celui qui dans notre version latine est appelé *liber sermonum*, ou *verborum*, *dierum regum juda*, la même expression hébraïque étant rendue indifféremment par ces deux mots, en différens endroits de la version vulgate (3). Cet ouvrage historique était encore, comme son titre l'annonce, un de ces recueils journaliers, destiné à conserver le souvenir des événemens les plus remarquables. Il ne faudrait pas le confondre, comme ont fait quelques-uns, avec les chroniques auxquelles nous donnons le nom grec de Paralipomènes, et dont le titre en hébreu, signifie littéralement, *Verba dierum*. Un assez grand nombre de faits de l'histoire sainte, à l'occasion desquels ces mémoires sont cités, dans les livres des Rois, ne se trouvent point dans ceux des Paralipomènes ; c'étaient donc deux ouvrages différens, dont le premier cependant a pu être la source de celui qui nous reste. Nous n'avons rien à conjecturer sur son

(1) III. *Reg.* IV. 32.

(2) *Ibid. ibid.* 33.

(3) III. *Reg.* XIV. 29. XV. 7. 23. XXII. 46. —IV. *Reg.* VIII. 23. XII. 19. XIV. 18. XV. 6. 36. XVI. 19. XX. 20. XXI. 17. 25. XXIII. 28. XXIV. 5.

auteur, ou plutôt sur ses auteurs. Nous ignorons également quelle pouvait être l'étendue de son sujet; mais, en rapprochant les diversendroits des Rois qui l'indiquent à leurs lecteurs, on peut reconnaître qu'il formait un corps bien suivi, puisqu'il contenait au moins l'histoire de quinze rois de Juda, depuis Roboam jusqu'à Joakim.

7° Le livre souvent cité aussi dans les Rois, sous un titre semblable : *LIBER SERMONUM*, ou *VERBORUM, DIERUM REGUM ISRAEL* (1), était un ouvrage du même genre que le précédent, et il peut donner lieu aux mêmes observations. Rédigé également avec suite, autant qu'il nous est possible d'en juger, nous le voyons cité pour les règnes de dix-sept rois, en partant de Jéroboam, et finissant à Phacée.

8° Les Paralipomènes renvoient quelquefois, pour de plus amples détails, à un ouvrage historique auquel ils donnent le titre de *LIBER REGUM JUDA ET ISRAEL* (2). Ce ne peut être aucun des deux livres que les Hébreux appelaient les Rois, attendu qu'on y chercherait envain plusieurs des faits indiqués par l'historien qui cite cet ouvrage. Mais ce pourrait bien être l'un des deux livres qui font l'objet des précédens articles, ou tous les deux réunis : cependant, la différence des titres, permet aussi d'y voir un nouveau livre, et rend même cette opinion plus probable. Les renvois de l'auteur des Paralipomènes, se rapportent à l'histoire des rois, Amasias, Joatham, Achaz, Ezéchias, Josias et Joakim.

(1) III *Reg.* xiv. 19. xv. 31. xvi. 5. 14. 20. 27. xxii. 39. — iv. *Reg.* i. 18. x. 34. xiii. 3. 12. xiv. 28. xv. 11. 15. 21. 26. 3:.

(2) i. *Par.* ix. 1. — ii. *Par.* xxv. 26. xxvii. 7. xxviii. 26. xxxii. 32. xxxv. 27. xxxvi. 8.

9° En terminant ce qui concerne Joas, les mêmes livres des Paralipomènes ajoutent: *Porro filii ejus, ac summa pecuniæ quæ adunata fuerat sub eo, et instauratio domus Dei, scripta sunt diligentius in* LIBRO REGUM (1). Ce livre des Rois ne peut être aucun de ceux que nous avons sous ce titre, puisqu'on n'y trouve rien de semblable. Ici, d'ailleurs, le texte hébreu nous éviterait une confusion d'ouvrages, le titre qu'il donne à l'ouvrage cité, pouvant se rendre à la lettre par ces mots : *in disquisitionibus*, ou *in commentariis*, *libri regum*. Ces recherches historiques paraissent avoir été fort détaillées; il faut les joindre, ainsi que les précédens livres, à la liste nombreuse des écrits considérables de l'antiquité que les abrégés nous ont fait perdre (2).

C'est encore l'écrivain des Paralipomènes qui nous fait connaître l'existence de plusieurs écrits historiques, ou prophétiques, du temps des rois de Juda, ou d'Israël, qui sont également perdus aujourd'hui. Il y renvoie en plusieurs endroits, quelquefois en les citant collectivement, et toujours avec les noms de leurs auteurs. Je dois les séparer ici, pour continuer l'énumération que j'ai commencée, et j'y joindrai quelques détails biographiques sur ces écrivains qui sont peu connus, parce que ce qui les concerne n'occupe que peu de place dans les pages sacrées.

10° Un livre du prophète Nathan est ainsi désigné : *Gesta autem David regis, priora et*

---

(1) II. *Par.* XXIV. 27.

(2) C'est ainsi, par exemple, que l'abrégé de Justin nous a privé du grand ouvrage de Trogue Pompée, si regrettable pour la religion autant que pour l'histoire.

posteriora, scripta sunt in libro Samuel viden-
tis, et in LIBRO NATHAN PROPHETÆ, etc. (1); il
est dit ailleurs : *in verbis Nathan*, etc. (2). Il
paraît, par la suite de ces deux passages, que
ce livre contenait au moins l'histoire de David
et de Salomon, dans laquelle, comme on sait,
le prophète avait joué lui-même un rôle important, sous plusieurs rapports.

11.° Gad, que l'Ecriture appelle *Prophetam*
et Videntem David (3), était aussi l'auteur
d'un ouvrage historique relatif à ce prince,
auquel il avait été attaché, et que sa fidélité
avait suivi au milieu des épreuves et de l'exil.
Ce livre est rappelé après ceux de Samuel et de
Nathan, dans le passage des Paralipomènes déjà
cité : *atque in* VOLUMINE GAD VIDENTIS (4).

12° Ahias, de Silo, ville de la tribu de Juda, se
rendit célèbre, par une de ces actions familières
aux prophètes de l'ancienne loi, et tout-à-fait
dans les mœurs de l'orient, lorsque, déchirant
son manteau en douze parts, et en donnant dix à
Jéroboam, il lui prédit la division du royaume
de Juda, et son règne sur dix tribus (5). Ce prophète avait écrit plusieurs livres, qui contenaient
l'histoire de Salomon, ainsi qu'on le voit dans
les Paralipomènes : *Reliqua autem operum Sa-*
lomonis, priorum et novissimorum scripta sunt
.... et in LIBRIS AHIÆ SILONITIS, etc. (6).

(1) I. *Par.* XXIX. 29.
(2) II. *Par.* IX. 29.
(3) II. *Reg.* XXIV. 11.
(4) I. *Par.* XXIX. 29. Le livre de Samuel cité en cet endroit, avec
ceux des deux autres prophètes, doit être notre second livre des Rois,
qui dans l'hébreu porte, ainsi que le premier, le nom de Samuel.
(5) III. *Reg.* XI. 29. — 39.
(6) II. *Par.* IX. 29.

13° Le prophète Séméias vivait dans le même temps, et fut envoyé plusieurs fois par le Seigneur au fils de Salomon (1). Il écrivit l'histoire de cette époque, ou, du moins, celle de Roboam : *Opera vero Roboam, prima ac novissima, scripta sunt in LIBRIS SEMEIÆ PROPHETÆ*, etc. (2). Il ne faut pas le confondre avec un faux prophète de même nom, contemporain de Jérémie (3).

14° Addo était encore un de ces prophètes historiens, qui paraissent avoir été nombreux sous les premiers rois de Juda, et d'Israël. Il avait écrit des prophéties contre l'impie Jéroboam et ce livre contenait aussi des détails historiques sur Salomon, comme nous l'apprenons d'un passage, dont j'ai cité plus haut ce qui concerne d'autres prophètes : *Reliqua autem operum Salomonis..... scripta sunt.... in VISIONE quoque ADDO VIDENTIS contra Jeroboam filium Nabat* (4). Le même livre des Paralipomènes nous apprend qu'il écrivit une histoire du roi Abia, et il paraît qu'elle était comprise dans un livre différent des prophéties qui viennent d'être citées : *Reliqua autem sermonum Abia, viarumque et operum ejus, scripta sunt diligentissime, in LIBRO ADDO PROPHETÆ* (5). Josephe, le nomme *Iadon* (6), et l'identifie avec un prophète dont l'Ecriture a tu le nom, à la voix

----

(1) III. *Reg.* XII. 22. — 24 ; II. *Par.* XII. 5. — 8.

(2) II. *Par.* XII. 15.

(3) *Jerem.* XXIX. 24. — 32.

(4) II. *Par.* IX. 29.

(5) II. *Par.* XIII. 22. Dans l'original, on retrouve l'expression hébraïque, déjà indiquée plus haut, répondant au latin *disquisitio*, et dont la Vulgate a cherché à rendre le sens, par *diligentissime*.

(6) VIII. *Antiq.* VIII. 5. IX.

duquel l'autel élevé par Jéroboam se fendit, la main de ce prince demeura paralysée ; et qui fut tué ensuite par un lion, en punition de sa désobéissance aux ordres du Seigneur (1). On sait comment sa prédiction menaçante contre l'autel de Bethel s'accomplit au temps de Josias, et comment son tombeau, reconnu alors, fut respecté par ce pieux roi (2).

15° Nous voyons encore cités par l'écrivain des Paralipomènes les écrits du prophète Jéhu, dont le père, Hanani, était également prophète. Jéhu fut envoyé de la part du Seigneur, d'abord à Baasa, roi d'Israël (3), et plus tard à Josaphat, roi de Juda (4) : c'est tout ce que nous savons de lui. L'histoire de Josaphat faisait l'objet de son livre, mentionné ainsi dans les chroniques sacrées : *Reliqua autem gestorum Josaphat, priorum et novissimorum, scripta sunt in VERBIS JEHU FILII HANANI, quæ digessit in LIBRO REGUM ISRAEL* (5). Ici se présente une difficulté. La leçon de la Vulgate semble annoncer que ce fut le prophète qui inséra cette partie de l'histoire dans le LIVRE DES ROIS D'ISRAEL, et pourrait faire supposer qu'il en était l'auteur. Le texte hébreu permet d'entendre que dans ce

---

(1) III. *Reg.* XIII.

(2) IV. *Reg.* XXIII. 15. — 20.

(3) III. *Reg.* XVI. 7. La Vulgate dit que Baasa fit mourir Jéhu. L'hébreu offre en effet un sens ambigu, par la manière, dont la phrase est conçue. Mais il est évident que ce fut le Seigneur qui fit mourir Baasa, et non celui-ci qui fit mourir le prophète ; puisque long-temps après, nous le voyons se présenter à Josaphat. Ces mots : *Hoc est Jehu, filium Hanani, prophetam*, ne sont pas dans le texte.

(4) II. *Par.* XIX. 2. 3.

(5) II. *Par.* XX. 54.

livre il est question de l'écrit de Jéhu. Quoi qu'il en soit, comme son titre diffère de tous ceux que nous avons vu citer jusqu'ici, ce sera toujours un nouvel ouvrage historique, à ajouter au catalogue des bibliothèques juives (1).

16° Le prophète Elie, dont la mission divine se montre dans ces temps là, d'une manière si merveilleuse, ne l'exerça pas seulement par ses paroles orales, et par ses œuvres : il paraît qu'il consigna aussi les ordres et les menaces du Seigneur dans des lettres, ou dans d'autres écrits. *Allatæ sunt autem ei* (Joram) *LITTERÆ ab Elia propheta in quibus scriptum erat : Hæc dicit Dominus Deus David patris tui*, etc. (2). L'expression rendue dans la Vulgate par *litteræ*, s'appliquant généralement à toute espèce d'écrit, on peut la prendre ici dans un sens plus étendu que ne l'ont fait beaucoup d'interprètes.

17° Hozaï est le moins connu des prophètes historiens, dont il est fait mention dans les Paralipomènes. Il y est cité avec quelques détails, qui peuvent donner une idée du développement de son ouvrage : *Oratio quoque ejus* (Manasse),

______

(1) On lit encore chez le même écrivain sacré : *Reliqua autem gestorum Manasse, et obsecratio ejus ad Deum suum, verba quoque Videntium, qui loquebantur ad eum in nomine Domini Dei Israel, continentur in SERMONIBUS REGUM ISRAEL* (II. *Par.* XXXIII. 18.) Ce livre serait-il le même que celui dont il vient d'être question ; doit-on l'identifier avec quelques-unes des autres annales que nous avons précédemment reconnues ; ou enfin faudrait-il y voir un nouvel écrit du même genre? Il est difficile de rien constater; et on ne peut qu'hésiter quelquefois, devant ces divers intitulés, qui ne nous ont pas été conservés avec l'exactitude bibliographique d'un Debure, ou d'un Brunet, mais qui prouvent, du moins, combien cette classe d'ouvrages était nombreuse chez les Hébreux.

(2) II. *Par.* XXI. 12. — 15.

et exauditio, et cuncta peccata atque contemptus, loca etiam in quibus œdificavit excelsa, et fecit lucos et statuas, antequam ageret pœnitentiam, scripta sunt in SERMONIBUS HOZAI, etc. (1). Nous ne savons rien de ce prophète, ou historien: la version syriaque l'appelle *Hanan*, et la version arabe, *Saphan* (2). On pourrait conjecturer, d'après le passage qu'on vient de lire, que la prière de Manassès qui nous a été conservée, serait un reste de l'ouvrage d'Hozaï.

18° Il paraît que le prophète Isaïe avait écrit divers livres, également perdus aujourd'hui. Nous lisons, du moins, ce qui suit, dans les Paralipomènes, qui sont pour nous une véritable bibliothèque des historiens hébreux: *Reliqua autem sermonum Oziæ, priorum et novissimorum, scripsit Isaias, filius Amos, propheta* (3). Comme Ozias n'est nommé que deux fois dans toute la prophétie d'Isaïe, et encore uniquement pour préciser des dates (4), on ne s'aurait douter qu'il ne s'agisse ici d'un autre écrit du fils d'Amos, dont la vie de ce prince formait au moins une partie considérable, et qui aura été négligé après la rédaction des Paralipomènes.

19° Jérémie également, outre les prophéties que nous possédons, avait composé plusieurs autres livres. Lui-même nous apprend comment, le volume qu'il avait dicté à Baruch ayant été

---

(1) II. *Par.* XXXIII. 19.

(2) Les Septante, nou point vu dans ce passage le nom propre d'un prophète qui n'est pas connu d'ailleurs, et ils ont pensé qu'il y était question des prophètes en général, ce qui n'est pas contraire au sens de l'hébreu.

(3) II. *Par.* XXVI. 22.

(4) *Isai.* I. 1; VI. 1.

détruit par le roi Joakim, il le fit écrire de nouveau, en y ajoutant d'autres menaces de la part du Seigneur (1); des critiques ont pensé que ce devait être le livre des Lamentations. Il parle ailleurs de celui qui contenait la prophétie contre Babylone, et qu'il remit à Saraias pour le jeter dans l'Euphrate, attaché à une pierre, en disant: *Sic submergetur Babylon*, etc.(2). Enfin l'auteur du second livre des Maccabées, nous fait connaître un troisième écrit de Jérémie, dont il n'indique pas le sujet : *Invenitur autem in* DESCRIPTIONIBUS JEREMIÆ PROPHETÆ, etc.(3). On peut conjecturer que cet ouvrage, ainsi que les autres écrits des prophètes que les Paralipomènes nous ont fait connaître, était composé de prophéties et de récits historiques, comme plusieurs livres des autres prophètes, conservés jusqu'à nous, principalement ceux d'Isaïe et de Daniel.

20° Des chroniques qui forment, selon toute apparence, un livre différent de ceux que j'ai énumérés, sont citées en ces termes dans Esdras: *Filii Levi principes familiarum scripti sunt in* LIBRO VERBORUM DIERUM, *et usque ad dies Jonathan, filii Eliasib* (4). Malgré l'identité des titres, cet ouvrage ne peut être le même que les Paralipomènes, puisqu'on ne trouve point dans ce dernier le dénombrement que signale ici l'historien.

21° Nous avons vu plus haut dans les Maccabées, l'indication d'un ouvrage de Néhémie, et

(1) *Jerem.* XXXVI.
(2) *Jerem.* LI.
(3) II. *Macc.* II. I.
(4) II. *Esdr.* XII. 23.

peut-être de deux, où il est question de la bibliothèque qu'il réunit, et, à cette occasion, de quelques-uns des livres qu'elle possédait : *Infe- rebantur in* DESCRIPTIONIBUS *et* COMMENTARIIS NEHEMIÆ *hœc eadem, et, ut construens biblio- thecam congregavit de regionibus libros et* PROPHETARUM *et* DAVID, *et* EPISTOLAS REGUM, *et* DE DONARIIS (1). Nous trouvons donc ici, outre les prophètes dont il est parlé d'une manière générale, et les productions de David, qui peu- vent être ses Psaumes., deux autres ouvrages importans, un Recueil des lettres des rois, et un Traité des dons offerts au temple.

22° Un Juif de Cyréne, Jason, avait composé un ouvrage considérable, divisé en cinq livres: l'auteur du livre second des Maccabées, nous avertit qu'il avait cherché à l'abréger, ce qui nous fait connaître que ce grand travail histo- rique avait pour objet les événemens de cette époque : *Itemque ab* JASONE CYRENÆO *quinque libris comprehensa, tentavimus nos uno volu- mine breviare* (2).

23° Les Maccabées nous ont conservé aussi le titre du dernier de ces nombreux écrits his- toriques, mentionnés dans les pages sacrées. Il contenait, à ce qu'il paraît, dans les plus grands détails, les événemens publics de la vie de Jean Hircan, comme nous l'apprend le passage qui le cite : *Et cœtera sermonum Joannis, et bello-*

---

(1) II. *Macc.* II. 13.

(2) II. *Macc.* II. 24. Après cela vient le verset que j'ai cité ailleurs : *Considerantes enim multitudinem librorum,* etc.; et dans le verset 29, l'auteur parle encore d'autres ouvrages qu'il a consultés : *Veritatem quidem de singulis auctoribus conceden- tes,* etc.

rum ejus , et bonarum virtutum quibus fortiter gessit , et œdificii murorum quos extruxit et rerum gestarum ejus : ecce hæc scripta sunt in LIBRO DIERUM SACERDOTII ejus , ex quo factus est princeps sacerdotum post patrem suum (1).

Tels sont les détails bibliographiques que nous fournissent les saintes écritures : je n'ai omis qu'un petit nombre de livres, sur lesquels les notions qu'elles présentent ne m'ont pas paru être assez claires. Cette nomenclature pourra être jugée un peu longue par quelques-uns de mes lecteurs; mais je devais tenir à la compléter, d'autant plus que les diverses données, éparses en plusieurs endroits de la Bible , se trouvent rarement réunies ainsi. Maintenant se présente une question fort débattue entre les critiques tant anciens que modernes , question que plusieurs des Pères de l'Eglise n'ont pas dédaignée, savoir: si ces livres furent écrits sous l'inspiration divine , ou s'ils n'étaient que les productions de l'esprit humain laissé à lui-même? Quoique des raisonnemens spécieux aient été allégués pour et contre ces deux manières de voir ; il me paraît sage de s'abstenir dans cette question, sans objet aujourd'hui, puisque ces livres n'existent plus, et que la sagesse éternelle qui nous en a privés n'a pas voulu soulever le voile. Tout ce que j'ai à dire se borne à deux observations sur les systèmes exclusifs adoptés ici par les savans. D'abord les citations de ces livres dans la sainte écriture ne prouvent rien en faveur de leur divinité. L'inspiration, telle qu'elle est entendue par tous les théologiens sensés, n'était pas toujours

____

(1) 1. *Macc.* XVI. 23. 24.

une révélation proprement dite ; elle n'exclut pas le secours des lumières humaines, surtout lorsqu'il s'agit de faits historiques ; et les mémoires plus anciens dont se sont aidés les écrivains sacrés, n'avaient point nécessairement un caractère surnaturel (1). En second lieu, la perte de ces divers ouvrages ne prouve pas davantage qu'ils n'étaient pas inspirés, comme si Dieu avait dû conserver des livres composés avec l'assistance de son esprit. Dans les desseins admirables de la Providence, autant qu'il peut nous être permis de les sonder, les livres ont leur mission aussi bien que les hommes ; les uns et les autres peuvent disparaître lorsqu'elle est accomplie. Il faut donc ici se garder des généralités ; si quelques-uns des livres dont on vient de parcourir la liste, purent être inspirés ou dirigés par l'Esprit-Saint, d'autres, fort probablement, ne furent autre chose que l'ouvrage de l'homme.

Les notions recueillies dans les pages précédentes donnent lieu à des conjectures qui me paraissent, pour la plupart, plus que vraisemblables. Nous avons vu que les Hébreux écrivirent beaucoup, surtout des mémoires historiques. On ne saurait admettre que les livres saints nous aient fait connaître toutes leurs productions en ce genre, et il est bien naturel de croire que leurs bibliothèques en possédaient un beaucoup plus grand nombre. Les traités, fort multipliés à ce qu'il paraît, que Salomon avait composés sur la botanique, la zoologie, l'ornithologie, l'ichtyologie, étaient bien faits pour exciter l'émulation des sages, c'est-à-dire

______

(1) *V.* J. H. Janssens, *Hermeneutica sacra*, Cap. I. § 5.

des savans , qui affluaient à sa cour : ils durent produire des imitations, et peut-être aussi Salomon lui-même n'avait-il fait que marcher sur les traces d'autres écrivains plus anciens de sa nation. Nous trouvons ailleurs, en divers endroits de la Bible, beaucoup de données sur l'état des sciences et des arts chez le peuple de Dieu; et les travaux du Tabernacle, ceux du temple, les autres édifices du fils de David suffisent pour nous en faire concevoir une haute idée : n'y a-t-il pas lieu de penser qu'on écrivit aussi sur ces matières , et que les connaissances ne restèrent pas toujours purement traditionnelles, comme elles le furent, à ce qu'il paraît, dans notre ancienne Gaule, beaucoup moins avancée? Je n'oserai émettre aussi positivement une nouvelle conjecture qui me paraît cependant avoir beaucoup de vraisemblance. Quel que fut l'esprit éminemment religieux de toute la société hébraïque , le goût pour la poésie et pour les narrations, qui forme un des traits les plus marqués du caractère oriental, n'autoriserait-il pas à croire que les enfans d'Israël ne s'exercèrent pas exclusivement à la poésie sacrée, et que des ouvrages d'une nature plus légère leur servirent quelquefois de délassement (1)?

Enfin , porterait-on trop loin l'esprit de conjecture, en supposant que les Juifs furent moins étrangers qu'on ne le pense communément aux lettres et aux sciences des autres peuples ?

(1) Il est question dans l'Ecriture, de chansons satyriques, David dit : *In me psallebant qui bibebant vinum* (*Psal.* LXVIII. 16.). On trouve la même plainte dans les Lamentations de Jérémie (III. 14.) : *Factus sum in derisum omni populo meo , canticum eorum tota die;* et un peu plus loin (*ibid.* 63.) : *Ego sum psalmus eorum.*

Je ne parle pas de cette littérature toute païenne, si étroitement liée avec les abominations d'un culte criminel, mais des productions plus graves, qui pouvaient offrir quelque avantage au progrès de leurs propres études. Leur séjour dans l'empire des Pharaons, leurs rapports inévitables avec les peuples voisins tout restreints qu'ils étaient par les prohibitions de la loi, les navigations lointaines exécutées avec tant de succès sous le règne de Salomon, enfin, leur captivité sur la terre étrangère purent leur donner successivement bien des occasions de connaître l'histoire, les sciences et les arts des Égyptiens, des Phéniciens, etc. Ceci devient une certitude, quand on arrive à l'époque grecque; et la preuve en est toute entière dans le style de quelques-uns des livres saints, qui portent l'empreinte marquée de la philosophie, et de la littérature des Grecs (1). Diverses circonstances pourraient aider à rendre raison de ce fait, notamment la version de la Bible faite pour Ptolémée-Philadelphe, et la communication probable de la bibliothèque d'Alexandrie. Je dois encore mentionner ici les ouvrages de plusieurs Juifs hellénistes, de Josephe, des deux Philon, etc., bien qu'ils appartiennent à des temps postérieurs, parce qu'ils me paraissent supposer une initiation plus ancienne à la littérature de la Grèce.

Je m'arrête ici, dans la crainte, tardive peut-être, d'être trop long. J'en ai dit assez pour justifier ma précédente assertion, que, si les bibliothèques juives furent les plus anciennes,

---

(1) Tous les critiques reconnaissent ce caractère particulier dans l'Ecclésiastique, et dans les Maccabées.

et les plus précieuses par la nature des livres qui en formaient la base, elles purent aussi égaler par le nombre des volumes celles de bien des peuples célèbres de l'antiquité.

III. J'ai pensé compléter mes recherches sur les bibliothèques des Hébreux, et ajouter quelque intérêt à cette notice, en la terminant par l'exposé de leurs principaux usages concernant la partie matérielle des livres, ainsi que les procédés et les instrumens de l'art graphique, qu'ils avaient coutume d'employer. Je serai court nécessairement dans cette portion accessoire de mon travail, les notions à cet égard n'étant pas à beaucoup près aussi abondantes, ni aussi précises que celles qu'on peut puiser dans les auteurs profanes sur des usages analogues, adoptés ailleurs dans l'antiquité. Ceux-ci, cependant, pourront donner occasion à des rapprochemens utiles : il y a tant d'affinité entre les usages matériels des peuples anciens, quelque contraste qu'on ait lieu d'observer, sous d'autres rapports, dans leurs caractères et dans leurs mœurs.

Comme tous ceux des anciens, les livres des Hébreux étaient de véritables volumes, c'est-à-dire, qu'ils étaient composés de feuilles ajustées bout-à-bout les unes aux autres, dans une longueur proportionnée à celle de leur contenu, et qu'ils se roulaient autour d'un axe, ou noyau cylindrique, auquel cette suite de feuilles était adaptée par l'une de ses extrémités (1). Cette

____

(1) Personne n'ignore que telle étaient la disposition des livres chez les Grecs et les Romains. Les papyrus que nous avons des Egyptiens sont aussi roulés, pour la plupart ; mais ils n'ont pas de cylindres à leur extrémité. Il en est cependant quelques-uns que l'on trouve pliés plusieurs fois à plat, et en carré.

forme est bien constatée par une expression hébraïque, reproduite fréquemment dans l'Ancien-Testament, et qui répond tout à fait au mot *volumen* des Latins, le verbe qui en forme la racine offrant le sens de *volvit*, *volutavit*, *convolvit*. Quelques expressions de Saint Luc, dans un passage déjà rapporté (1), indiquent encore mieux la forme de ces livres et la manière de s'en servir, en les déroulant, quand on les prenait pour les lire, et les roulant de nouveau, lorsqu'on les déposait, la lecture finie : *ut revolvit librum, ... et cum plicuisset librum, reddidit ministro.* Les livres dont les Juifs modernes se servent dans leurs synagogues ont conservé cette forme ; mais au lieu d'un cylindre ils en ont deux, auxquels ils sont attachés par chacune de leurs extrémités. Peut-être en était-il de même chez leurs pères ? l'Ecriture ne nous met pas à même de décider cette question.

Cette disposition des livres ne permettait pas qu'ils eussent une trop grande étendue : cela les eût rendus peu commodes pour la lecture. Ici ce n'est que par induction, ou par analogie, que nous pouvons le supposer. Chez les autres peuples de l'antiquité nous le voyons d'une manière positive, à Rome surtout: plusieurs de ses écrivains nous ont laissé eux-mêmes sur les divisions de leurs ouvrages des détails qui l'établissent avec toute certitude, mais qui n'ont qu'un rapport éloigné avec l'objet de mon travail (2).

(1) *Sup.* p. 9.

(2) On trouvera ces particularités réunies dans la plupart des ouvrages modernes qui traitent des livres anciens ; notamment pp. 45.—49, de l'intéressant opuscule, que M. Gabriel Peignot a publié récemment sous ce titre : *Essai historique et archéologique sur la reliure des livres, et sur l'état de la librairie chez les anciens.* Dijon, 1834, in-8°.

Je me contenterai d'observer que ce qui est appelé un livre, dans les œuvres de plusieurs auteurs classiques, était souvent publié séparément, et formait un volume, au lieu que ce serait à peine aujourd'hui la matière d'une mince brochure. Ceci peut aider à entendre les données fournies par l'histoire, sur le nombre des volumes dont se composaient les bibliothèques célèbres de l'antiquité, et sur celui des ouvrages laissés après eux par certains écrivains féconds de ces mêmes époques. Les chiffres des uns et des autres nous paraîtraient incroyables, si nous nous représentions des volumes aussi étendus que le sont les nôtres; mais notre étonnement cesse, quand nous nous figurons bien, que la plupart de ces livres n'étaient que des opuscules fort courts. Pour revenir aux Hébreux, plusieurs de leurs livres sacrés, quoique très courts aussi, comme le Cantique des cantiques, chacun des douze petits Prophètes, etc, devaient former autant de volumes ; et quant à ceux dont l'étendue était beaucoup plus considérable, ils étaient probablement divisés, et remplissaient plusieurs rouleaux (1).

La suite de feuilles, plus ou moins longue, qui composaient ces volumes, était divisée par

(1) On lit souvent dans l'Ecriture, *liber legis*, *volumen legis*, expressions qui pourraient faire penser que le Pentateuque ne formait qu'un seul volume. Je crois que cette locution ne doit pas être prise à la lettre. Le Pentateuque, disposé selon la méthode ancienne, ferait un volume d'une immense longueur, et fort difficile à manier. On connait bien quelques papyrus égyptiens, extrêmement longs (le Musée de Turin en possède un de soixante-six pieds), mais ce sont des Rituels funéraires; et, déposés avec les morts dans leur dernière demeure, ils n'étaient pas destinés à être lus.

pages ainsi que l'indiquent bien clairement ces paroles d'un prophète: *Cumque legisset Judi tres pagellas, vel quatuor,* etc. (1). Mais ces pages, si l'on en juge d'après la forme donnée aux livres, et l'usage des autres peuples anciens, ne pouvaient être que des colonnes, séparées entre elles par des marges, comme on le voit encore dans beaucoup de nos livres imprimés (2). On lit dans une des visions d'Ezéchiel: *Et vidi, et ecce manus missa ad me, in qua erat involutus liber, et expandit illum coram me, qui erat scriptus intus et foris* (3). On pourrait présumer d'après ce passage que les livres des Juifs furent quelquefois opisthographes, c'est-à-dire écrits des deux côtés, méthode que les Romains ne connurent pas, pour leurs livres du moins, mais il y a lieu de croire que, si le prophète signale aussi expressément cette particularité du livre mystérieux qui lui fut montré, c'est précisément parce qu'elle était tout-à-fait inusitée. Il est facile de concevoir que dans un volume ordinaire, elle eût été extrêmement incommode pour la lecture.

Je n'ai rien à dire ici des caractères qui furent employés dans les livres du peuple de Dieu, aux différentes époques de son histoire. On a cru assez généralement que durant la captivité de Babylone il abandonna son alphabet primitif, le même que les Samaritains ont conservé, pour prendre l'alphabet des Chaldéens, qui est celui de nos bibles hébraïques, et que nous voyons aussi employé par les Juifs de nos jours. Cette

---

(1) *Jerem.* XXXVI. 23.

(2) Les papyrus égyptiens, et ceux qu'on a trouvés à Herculanum sont ainsi divisés par colonnes.

(3) *Ezech.* II. 9.

opinion, cependant, rencontre aujourd'hui de nombreux contradicteurs parmi les savans : je ne m'arrêterai point à la discuter. Mais tout le monde sait que ces deux ordres de caractères s'écrivent de droite à gauche, ainsi que la plupart de ceux de l'Orient. Il en résultait nécessairement une différence de position par rapport au lecteur; et le cylindre, s'il n'y en avait qu'un, devait être placé dans un sens opposé à celui qui lui était assigné dans les volumes des peuples occidentaux. On a supposé que les anciens Hébreux écrivaient aussi quelquefois dans cet ordre, assez bizarre à nos yeux, que les antiquaires appellent *Boustrophedon*, et qui consiste à disposer les lignes alternativement dans les deux directions contraires, à l'imitation des bœufs qui tracent ainsi successivement les sillons d'un champ. Ce procédé graphique fut usité chez les anciens Grecs, et chez les Étrusques : on peut l'observer sur quelques-uns de leurs monumens lapidaires, et sur des médailles d'une haute antiquité. Mais en attribuer l'usage aux enfans d'Israël, c'est hasarder bien gratuitement une conjecture toute systématique, et que rien ne saurait appuyer.

Les écrivains de Rome nous ont révélé bien des particularités, sur les différentes parties du matériel de leurs livres : telles que les extrémités apparentes du cylindre qu'on appelait *cornua*, et d'autrefois *umbilici*, parce qu'elles formaient le centre du volume lorsqu'il était fermé (1); les courroies, *lora*, qui servaient pour

---

(1) Comme on y arrivait lorsqu'on était au bout du livre, l'expression *umbilicus* fut prise figurément pour en désigner la fin; delà ce vers d'Horace (*Epod.* xiv. v. 8), qui est devenu proverbe :

Ad umbilicum adducere.

attacher le livre , et le maintenir roulé ; le pétit fleuron, *coronis* , qu'on plaçait à la fin du manuscrit ; la lunule ou croissant ; *menis* ; qui en ornait le commencement (1) ; les figures dont il était enrichi ; le soin qu'on avait d'en polir les tranches ; les diverses couleurs dont les couvertures était peintes ; les titres , diversement placés , qui en indiquaient le contenu , etc. Nous ne possèdons point de détails semblables sur les volumes des Hébreux ; mais on y remarque quelquefois une singularité d'un autre genre , dont je ne crois pas qu'il soit question dans l'antiquité profane. Plusieurs passages de l'Ecriture font mention de livres scellés (2) ; opération plus facile à exécuter sur les rouleaux des temps anciens qu'elle ne le serait sur nos livres modernes , et pour laquelle il suffisait d'un fil , ou d'un cordon , d'un sceau , et d'un peu de cire , ou de toute autre substance propre à recevoir une empreinte (3). Les cachets furent connus des Juifs dès les temps les plus reculés. Nous voyons le patriarche Juda donner le sien

, (1) Cette notion , négligée par la plupart des modernes qui se sont occupés des livres antiques , nous a été conservée par Ausone (*Profess. Burdig.* vers. fin. :)

    Quos legis a prima deductos menidè, libri , etc.

(2) *Isai.* xxxix. 11. *Dan.* xii. 4. *Apoc.* v. 1.

(3) On connaît des manuscrits égyptiens ainsi scellés : je ne citerai qu'un papyrus égyptio-grec , contenant une lettre de recommandation , roulé , et cacheté avec de la terre sigillaire , qui faisait partie de la collection Passalacqua , achetée depuis , si je ne me trompe , par le roi de Prusse. A la suite du catalogue de cette collection , publié à Paris en 1826 , on trouve une lettre de M. Letronne , dans laquelle est expliqué ce petit monument , et qui est accompagnée d'une lithographie , où l'on voit la forme du rouleau , et de son cachet.

à Thamar ; et il servit à cette femme coupable, pour la sauver de la mort à laquelle elle se vit condamnée (1) : plus tard les livres saints en ont fait mention assez fréquemment. Il paraîtrait qu'on les porta quelquefois suspendus au cou, ou placés sur le sein, de toute autre manière (2) ; mais le plus souvent on les mettait au doigt, en guise d'anneaux, et, d'après quelques indications, c'était à la main droite (3).

Les tablettes sur lesquelles on écrivait, pour les usages journaliers de la vie, ne furent pas inconnues aux Juifs. Nous les trouvons, et désignées par leur nom classique, dans l'Evangile, où Zacharie, père de Saint Jean-Baptiste, privé alors de la parole, s'en sert pour faire connaître sa réponse à ceux qui l'interrogeaient sur le nom qu'il voulait donner à son fils : *Et postulans pugillarem, scripsit dicens : Joannes est nomen ejus* (4). Il paraît qu'elles étaient de bois, et on a cru les trouver indiquées aussi dans ces paroles, adressées par le Seigneur au prophète Ezéchiel : *Et tu, fili hominis, sume tibi lignum unum, et scribe super illud*, etc. (5) ; nous ne savons pas positivement si, comme celles des autres peuples de l'antiquité, elles étaient enduites de cire : un passage des Rois, que je rapporterai plus bas, pourrait le faire présumer.

Quant aux diverses matières sur lesquelles les Juifs écrivaient, ou dont se composaient leurs

(1) *Genes.* xxxviii. 18. — 26.
(2) *Cant.* viii. 6.
(3) *Genes.* loc. cit.; *Exod.* xxxv. 22; *Jerem.* xxii. 24; *et alibi.*
(4) *Luc.* i. 63.
(5) *Ezech.* xxxvii. 16.

livres, bien que nous n'ayons à ce sujet, que des renseignemens assez rares, nous pouvons supposer qu'elles furent les mêmes que chez les autres peuples (1). Il paraît certain qu'ils connurent le papyrus, que la Palestine produisît, ou non, la plante dont les filamens servaient à le former. Le long séjour des Israélites en Egypte; l'éducation distinguée que Moyse avait reçue à la cour d'un Pharaon, et qui a fait dire à Saint Etienne, *eruditus est Moyses in omni sapientia Ægyptiorum* (2); les avantages supérieurs qu'offrait l'emploi de ces feuilles légères, tout cela ne permet pas, ce me semble, un simple doute à cet égard. Ils durent se servir aussi de la peau des animaux, au moyen d'une préparation plus ou moins perfectionnée; et nous voyons Saint Paul, à une époque, il est vrai, où les Juifs avaient emprunté bien des usages aux Grecs et aux Romains, recommander à son disciple Timothée, qu'il ait soin de lui apporter surtout du parchemin, ou des livres écrits sur du parchemin, car le texte peut donner lieu d'hésiter entre ces deux sens : *Penulam, quam reliqui Troade apud Carpum, veniens affer tecum, et libros, maxime autem membranas* (3). Il est question ailleurs d'écriture sur des lames de plomb, sur l'airain, ou sur la pierre, dont je parlerai bientôt. Enfin,

---

(1) C'était, dans le règne végétal, des écorces d'arbres, le bois, la toile de fil, ou de coton, le papyrus; dans le règne minéral, les métaux, la pierre, les briques; dans le règne animal, différentes peaux, et surtout le parchemin, inventé, à ce qu'on croit, à Pergame, d'où lui vint son nom, *pergamenum:* on l'appelait aussi *membrana.*

(2) *Act.* vii. 22.

(3) ii. *Tim.* iv. 13.

l'histoire du peuple de Dieu nous fournit des exemples de caractères gravés sur l'or : c'est ainsi que le nom du Seigneur était inscrit sur une lame de ce métal, qui ornait la tiare du Grand-Prêtre (1).

Les instrumens graphiques des enfans d'Israël, varièrent autant que ceux des autres peuples, suivant la nature différente des matières sur lesquelles ils avaient à opérer. Pour tracer les caractères sur les lames de plomb, dont il est question dans Job, le poète divin parle d'un style de métal : *Quis mihi tribuat ut scribantur sermones mei? Quis mihi det ut exarentur in libro, stylo ferreo, et plumbi lamina*, etc. (2)? D'autres écrivains sacrés, indiquent quelquefois aussi l'usage de cet instrument; un endroit de Jérémie suppose qu'on lui donnait une pointe en diamant, apparemment pour quelque destination spéciale, peut-être pour graver les pierres précieuses (3). L'Ecriture nous apprend encore qu'on faisait usage du style pour écrire sur les tablettes. Ceci peut faire présumer qu'elles étaient revêtues d'une couche de cire, et cette conjecture reçoit un caractère de certitude de cette autre particularité, que l'instrument, retourné et passé à diverses reprise sur la page, servait, comme chez les Romains, à en effacer

(1) *Exod.* xxviii. 36—38.

(2) *Job.* xix. 23. 24. Si je cite Job, quoique ce patriarche ne fût pas hébreu, ce n'est pas seulement à cause de la similitude probable des usages; mais encore, parce que l'auteur, ou du moins le traducteur, du livre qui porte son nom appartenant au peuple Juif, il est empreint d'une couleur toute locale.

(3) *Jerem.* xvii. 1.

au besoin les caractères (1). Ces détails, et la comparaison toute poétique qui donne lieu de les rappeler, rendent ce passage extrêmement remarquable ; le voici d'après la Vulgate : *Et delebo Jerusalem*, dit le Seigneur, *sicut deleri solent tabulæ; et delens vertam, et ducam crebrius stylum super faciem ejus* (2). Sur les feuilles, formées de diverses substances, dont nous avons reconnu, ou conjecturé l'usage chez les Hébreux, peut-être aussi sur le bois, on écrivait avec de l'encre, comme le font les modernes (3). Il paraît que les écrivains de profession portaient alors une écritoire attachée à leur ceinture (4), usage qui subsiste chez les Orientaux. Nous ne connaissons pas la composition de cette encre ; mais Moyse nous apprend qu'on l'effaçait avec de l'eau (5). L'instrument dont on se servait pour tracer les caractères avec l'encre, et que, dans le texte des livres saints, nous ne saurions pas toujours distinguer du style, pouvait être, ou un pinceau, ou un morceau d'un jonc fibreux qu'employaient les Egyptiens, et qui se retrouve encore avec les palettes de leurs Scribes, ou bien le *calamus* usité chez les Romains, qu'on taillait comme nos plumes (6). Il est certain, tou-

---

(1) L'extrémité du style opposée à la pointe était applatie à cet effet. On connaît le vers d'Horace (1. *Sat.* x. v. 72.)

    Sæpe stylum vertas, iterum, quæ digna legi sint
    Scripturus : . . . .

(2) IV. *Reg.* XXI. 13.

(3) *Jerem.* XXXVI. 18.

(4) *Ezech.* IX. 2. 3. 11.

(5) *Num.* V. 23.

(6) Chez les Romains, ces roseaux taillés étaient fendus comme nos plumes : nous l'apprenons de ce vers d'Ausone (*Epist.* VII. v. 46.)

    Nec jam fissipedis per calami vias etc.

jours, que les Hébreux connurent quelque chose de semblable à cet instrument; Jérémie fait mention du couteau, ou canif destiné à le tailler, avec lequel Joakim, roi de Juda, lacéra un livre qui contenait les menaces du Seigneur contre Jérusalem : *Cumque legisset Judi tres pagellas, vel quatuor, scidit illud scapello scribæ*, etc. (1).

Chez tous les peuples anciens, les inscriptions furent bien plus multipliées que chez les modernes ; et nous devons leur en savoir gré, car elles forment pour nous la classe la plus instructive des monumens qu'ils ont laissés après eux. L'usage n'en était pas inconnu au peuple de Dieu; mais il y fut moins fréquent que chez les Romains et les Grecs, et réservé d'ordinaire pour les événemens, politiques ou religieux, les plus importans et les plus solennels. Malheureusement le temps ne nous a conservé aucune de ces inscriptions ; mais nous les trouvons désignées dans les livres saints, où on les voit succéder à ces monceaux de pierres brutes, qui furent les premiers monumens des patriarches (2). On peut regarder comme la plus ancienne de ces inscriptions hébraïques celle du tombeau de Rachel, dont il est parlé en ces termes dans la Genèse : *Erexitque Jacob titulum super sepulchrum ejus: hic est titulus monumenti Rachel, usque in præsentem diem* (3). On pourrait également reconnaître avec vraisemblance des monumens écrits dans les douze pierres élevées par Moyse, au pied du Sinaï (4);

(1) *Jerem.* xxxvi. 23.
(2) *Genes.* xxxi. 44. — 47.
(3) *Genes.* xxxv. 20.
(4) *Exod.* xxiv. 4.

ainsi que dans d'autres expressions, traduites par *titulus* en plusieurs endroits de la version latine, notamment dans les titres de quelques-uns des Psaumes (1). Moyse, dans le Deutéronome, recommande au peuple de Dieu d'élever de semblables monumens sur le mont Hébal, aussitôt qu'il aurait passé le Jourdain, et d'y inscrire la loi qu'il lui donnait : *Cumque transieris Jordanem in terram quam Dominus Deus tuus dabit tibi, eriges ingentes lapides, et calce levigabis eos, ut possis in eis scribere omnia verba legis hujus*, etc. (2). On doit remarquer ici ce procédé particulier, d'enduire de chaux les pierres qui devaient porter des inscriptions (3). Le livre de Josué nous montre bientôt l'exécution littérale de cette disposition de Moyse (4). Job s'exprime fort clairement au sujet de cet usage de graver des inscriptions sur la pierre: *Vel celte sculpantur in silice* (5). Enfin il est question plusieurs fois dans les Maccabées d'inscriptions monumentales gravées sur le bronze ; voici le passage le plus circonstancié : *Et descripserunt in tabulis æreis, et posuerunt in titulis in monte Sion* (6). L'inscription rapportée en cet endroit par l'écrivain sacré est curieuse à comparer avec celles des autres peuples anciens; mais elle est trop longue

(1) *Psal.* xv; lv; lvi; lvii; lviii; lix.

(2) *Deut.* xxvii. 1. — 9.

(3) Peut-être les Hébreux donnaient-ils une couleur à leurs inscriptions, comme les Egyptiens avaient coutume de le faire pour leurs stèles, et leurs autres monumens de pierre calcaire, sculptés ou écrits; peut-être aussi ces inscriptions étaient-elles peintes, et non gravées, coutume dont l'Egypte ancienne nous fournit des exemples.

(4) *Josue* viii. 30. — 35.

(5) *Job.* xix. 24.

(6) 1. *Macc.* xiv. 26. — 49.

pour être citée ici : je renvoie le lecteur au texte de l'Ecriture.

Au petit travail qu'on vient de lire, je me proposais de joindre quelques recherches du même genre, sur les bibliothèques des premiers Chrétiens. Mais l'étendue de celles-ci, ayant dépassé les limites que je m'étais fixées, m'a fait renoncer à ce dessein. Les documens que j'avais réunis dans cette vue, pourront faire plus tard la matière d'une notice spéciale.